Kunterbunte Familienküche

Kochen für und mit Kindern fordert oft unsere ganze Phantasie und Kreativität. Dabei soll die Essenszubereitung möglichst einfach sein, schnell gehen und optimal die Nährstoffe liefern, die wir benötigen. Kinder sind keine kleinen Erwachsenen und das wird in den Rezepten berücksichtigt. Da jahrelange »Elternschonkost« wenig Spaß macht, werden die Elternportionen einfach und schnell entsprechend aufgepeppt. Mit wenigen Handgriffen wird aus dem Kleinkindessen eine herzhafte Elternportion gezaubert.

Kinder lieben es zu helfen und können dabei spielerisch an neue Zutaten und Zubereitungsformen herangeführt werden. Und, Hand aufs Herz, wenn Kinder mit am Tisch sitzen, fängt auch für viele Eltern eine neue, bunte Ernährungsphase an. Das Interesse an gesunder Familienkost wächst mit den Kindern heran.

Kinder essen mit allen Sinnen. Wir Eltern können von ihnen lernen, indem wir sie beobachten und gewähren lassen, beim langsamen und genussvollen Schlemmen.

In diesem Sinne guten Appetit.

Kindgerechtes Würzen & Salzen

Je jünger der kleinste Esser, desto weniger Salz und Würze sollte während dem Kochen verwendet werden. Isst ein Baby mit, wird am besten ganz auf Salz und Gemüsebrühe sowie andere Gewürze, außer Kräuter, verzichtet. Die Nieren sind noch unreif und können vor allem durch Salz belastet werden. Ab dem 1. Geburtstag ist ein wenig Würze durch Gemüsebrühe oder Salz erlaubt. Ab dem Kindergartenalter können normal gewürzte Speisen gereicht werden. Salz ist sparsam verwendet am gesündesten.

Die in den Rezepten angegebene Formulierung »kindgerechte Gemüsebrühe«, meint eine altersgerechte, zurückhaltende Dosierung der Gemüsebrühe. Für die Eltern und älteren Geschwister wird nachgewürzt, nachdem die Kinderportion entnommen wurde.

Gemüsebrühe

Eine gute Instant-Gemüsebrühe eignet sich für viele Gerichte als einfache und schmackhafte Würzbasis. Alternativ kann auch eine Instant-Hühnerbrühe verwendet werden. Instant-Brühen auf Bio-Basis sind ohne künstliche Geschmacksverstärker und Glutamat und deshalb zu bevorzugen.

Waschen, putzen, schälen ...

Obst und Gemüse bitte vor dem Verarbeiten gründlich waschen. Das gilt auch für die empfohlene Bio-Ware. In den folgenden Rezepten findet sich kein Hinweis wie »geputzte Möhre«, »geschälte Kartoffel« oder »gewaschenes Obst«. Es wird vorausgesetzt, dass die Zutaten entsprechend vorbereitet sind. Viele Kinder helfen dabei gerne begeistert mit.

Die Anschaffung einer Gemüsebürste ist sinnvoll und hilfreich. Damit können Gurken, Karotten, Kartoffeln, Rettiche, Rüben, Kürbisse und alles Robuste, unter warmem Wasser, gründlich geschrubbt werden. Nicht nur die sichtbare Gartenkrume, sondern auch Bakterien, die sich auf der Schale tummeln, werden so deutlich reduziert.

Paprika, Tomaten, Gemüse, Trauben und anderes empfindliches Obst gründlich warm waschen und evtl. mit den Händen abrubbeln. Gewachste Äpfel mit einem Tuch polieren bis das Wachs entfernt ist. Danach heiß abwaschen.

Kleinkinder dürfen von Anfang an Apfel, Gurke oder Zucchini mit Schale essen. Denn unter der Schale sitzen die meisten Vitamine.

Feiner Hirse-Frühstücksbrei

Für einen Erwachsenen rechne 40 – 50 g Hirse und 150 g Obst, für ein Kind ca. 25 – 30 g Hirse und 100 g Obst.

Grundrezept für ein Frühstück Mama/Papa mit 2 Kindern:

- 100 g Hirse in einem sehr feinen Sieb unter fließendem Wasser durchspülen und mit
- 200 ml Wasser in einen Topf geben
- 1 Prise Salz und 2 Teelöffel (TL) Rohrzucker hinzufügen

Hirse = Kleinkorn !

Die Hirse aufkochen lassen, einmal umrühren, die Herdplatte abschalten und im geschlossenen Topf 15 Minuten ziehen lassen.

In der Zwischenzeit das Obst der Saison vorbereiten.

Bananen-Apfel-Hirsebrei

- 5 Esslöffel (EL) süße Sahne in eine Schüssel gießen
- Rosinen und einige Mandelstifte dazugeben
- 1 – 2 reife Bananen und
- 1 knackigen Apfel kleinschneiden
- mit etwas Honig (nur für Kinder ab 1. Geburtstag) süßen

Sobald die Hirse gar ist, warm unter die Obstzubereitungen rühren. Bei Bedarf mit etwas Obstsaft die Konsistenz verfeinern.

Erdbeer-Joghurt-Hirsebrei

- 250 g Erdbeeren klein schneiden
- 100 g Joghurt dazugeben
- Honig oder Ahornsirup nach Geschmack

Obstzubereitung unter die warme Hirse mischen.

Auch als Abendmahlzeit oder als schnelles Mittagessen ist der Hirsebrei bei Groß und Klein sehr beliebt.

Kirsch-Dattel-Hirsebrei

- 4 EL süße Sahne in eine Schüssel gießen
- 5 getrocknete Datteln entkernen, klein schneiden und dazugeben
- Sauerkirschen entsteinen und hinzufügen Alternativ Sauerkirschen aus dem Glas

Nach Geschmack mit Zucker & Zimt süßen.
Alles unter die warme Hirse mischen.

Weitere leckere Varianten ergeben sich mit Pfirsichen, Nektarinen, Beeren, Honigmelone und kleingeschnittenen Trockenfrüchten, wie Aprikosen, Feigen oder Pflaumen.
Der Phantasie sind keine Grenzen gesetzt.

Frisches Obst ...

... gehört täglich auf den Speiseplan. Es ist erwiesen, dass Kinder und Erwachsene mehr Obst essen, wenn es in mundgerechten Stücken angeboten wird. Dabei bevorzugen es viele Kinder, wenn die Beeren und Früchteteile liebevoll nebeneinander auf einem Teller angerichtet sind und mit den Fingern gegessen werden können. Alternativ schmeckt es auch als Obstsalat mit dem Löffelchen.

Die beste Qualität hat das Obst zur natürlichen Erntezeit. Bei der Bio-Qualität ist zu erwarten, dass keine Spritz- und Düngemittel verwendet wurden.

Obstsnack

Die Obststückchen, Beeren, Rosinen auf dem Kindergeschirr hübsch anrichten und die Kleinen am eigenen Kindertisch essen lassen. Bestimmt helfen sie gerne mit, den Tisch zu decken und wieder abzuräumen. Zum Nachtisch gibt es einen kleinen Keks.

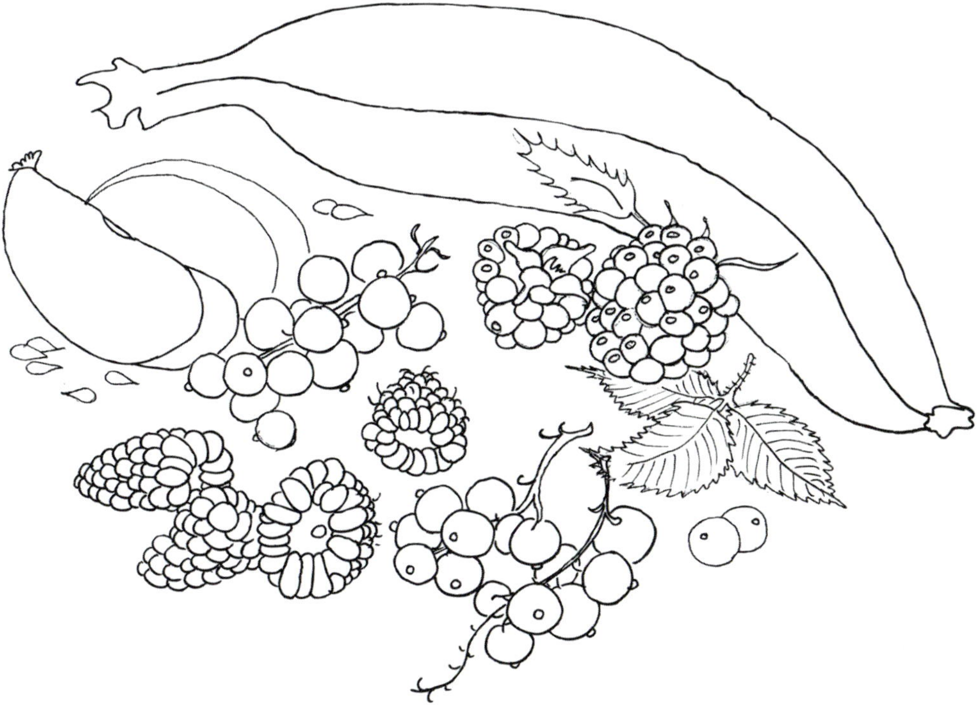

Ausgemalt von: ______________________________ **am:** ____________________

Rapsöl & Co

Für Kinder sind Keimöle besonders wertvoll wegen der Vielzahl an essentiellen (lebensnotwendigen) ungesättigten Fettsäuren, beispielsweise Omega-3 und Omega-6. Außerdem benötigen die fettlöslichen Vitamine des Gemüses das Öl, um vom Körper optimal aufgenommen werden zu können.

Zu den wertvollen Keimölen zählen:

- Rapsöl – ist die erste Empfehlung von Ernährungswissenschaftlern für Babys und Kleinkinder
- Sonnenblumenöl
- Maiskeimöl
- Distelöl
- Leinöl

Olivenöl ist für Erwachsene und ältere Kinder prima. Essen kleine Kinder mit, sollten die genannten Keimöle bei der Zubereitung bevorzugt verwendet werden.

Karotten-Apfel-Rohkost

- 1 dicke Karotte und
- 1 Apfel, gerne mit Schale, fein raspeln
- ein Spritzer Zitronensaft darüber verhindert, dass der Apfel braun wird
- 1 TL gutes Keimöl, z. B. Rapsöl dazu

Zum Mittag- oder Abendessen als kleine, frische Vorspeise. Die Mengen können beliebig verändert werden. Diese Rohkostspeise, fein geraspelt, ist für Kleinkinder prima geeignet und ein echter Vitaminbringer in den Wintermonaten.

Brotaufstrich Apfel-Karotte

Aus der Rohkost wird ein leckerer Brotaufstrich, wenn man 150 g Frischkäse dazurührt. Er hält sich einige Tage im Kühlschrank.

Geriebene Äpfel und Karotten wirken stopfend. Daher ist die Apfel-Karotten-Rohkost, ohne Öl, auch bei Magen-Darm-Infekten als Teil einer Aufbaudiät geeignet.

Feine Kartoffelsuppe

Geeignet auch für ältere Babys.

- 1 Zwiebel schälen und grob schneiden
- 1 EL Öl erhitzen und die Zwiebel darin andünsten
- ca. 750 ml kindgerechte Gemüsebrühe aufgießen
- 6 Kartoffeln klein schnippeln
- 2 Möhren in Stücke geschnitten dazu geben

Zwiebeln sind viel besser als ihr Ruf. Auch ältere Babys können diese in aller Regel prima vertragen.

Die Zutaten in der Gemüsebrühe weich garen und mit einem Mixstab cremig pürieren.

- Einen ordentlichen Schuss Sahne oder Milch, gerne 100 ml, dazugeben und mit
- frischer Petersilie verfeinern.

Aufgepeppte Kartoffelsuppe

Mamas und Papas können ihr Kartoffelsüppchen mit folgenden Zutaten wahlweise aufpeppen:

- frisch geriebenem Parmesan, Edamer oder Peccorino
- frisch geschnittenen Kräutern
- oder feinem Kräutersalz
- gerösteten Sonnenblumenkernen
- Croutons (Brotwürfel in Olivenöl rasch angeröstet)
- frisch gemahlenem schwarzen Pfeffer oder Chili-Flocken
- klein geschnittener Wurst
- gewürfeltem Tofu
- geräuchertem Forellenfilet in kleinen Stückchen direkt in den Suppenteller gegeben

Variante mit Kürbis

Die Kartoffeln können durch einen kleinen Hokkaido ersetzt werden. Dieser wird halbiert, entkernt und mit Schale in kleine Stücke geschnitten.

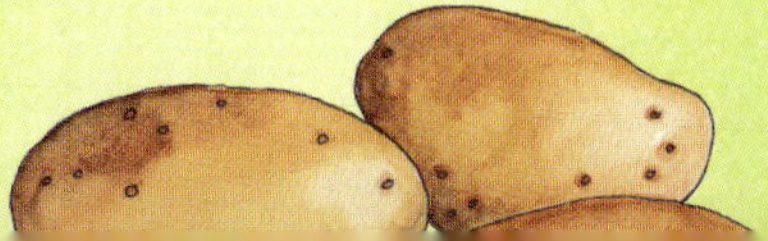

Ausgemalt von: ____________________ **am:** ______________

Bunter Gemüsetopf

Geeignet auch für kaufreudige, ältere Babys.

Kindgerechte Gemüsebrühe zum Kochen bringen, in genannter Reihenfolge, mit kurzem zeitlichen Abstand, die vorbereiteten Zutaten zugeben. Dabei die Brühe am Siedepunkt halten, so garen die Zutaten schonend und vitaminerhaltend.

- 1 – 2 Kartoffeln und
- 1 Kohlrabi in kleine Würfel geschnitten
- 1 – 2 Karotten in Scheiben, über den Gurkenhobel ziehen direkt in den Topf
- eine Tasse (TK) Erbsen und/oder
- eine Tasse (TK) Mais

Lecker mit Bio-Würstchen!
Oma mag lieber Tofustückchen!

Die Suppe ist nach wenigen Minuten fertig. Petersilie und Crème fraîche verfeinern die Mahlzeit.

Kleinkinder können die abgekühlten Gemüsestücke auch mit den Fingern essen.

Wenn das Angebot an frischem Gemüse gering ist, sind Tiefkühlzutaten (TK) eine sehr gute Alternative.

Hirse-Bratlinge

Hirse-Bratlinge können als Mittagessen mit Tomatensauce gereicht oder kalt prima aus der Hand gegessen werden.

- 200 g Hirse in einem feinen Sieb waschen und in einen Topf geben
- 400 ml kindgerechte Gemüsebrühe dazu und die Hirse darin aufkochen. Die Herdplatte abschalten und die Hirse zugedeckt ca. 15 Minuten ausquellen lassen. Dabei den Topf auf der heißen Platte stehen lassen.

Frühzeitig die Hirse garen, damit diese abkühlen kann, denn die Bratlinge werden mit den Händen geformt!

Während die Hirse abkühlt

- Blattpetersilie fein schneiden und mit
- 100 g zerbröseltem Schafskäse unter die Hirse heben

Aus der warmen Masse werden kleine flache Bratlinge geformt und in einer Mischung aus

- Semmelbrösel und Sesamsaat gewendet

In einer Pfanne bei mittlerer Hitze die Bratlinge in gutem Öl langsam braten.

Hirse ist ein glutenfreies Getreide mit vielen wertvollen Inhaltsstoffen. Unter anderem ist sie reich an Folsäure und Eisen, die beide positiven Einfluss auf die Blutbildung und Sauerstoffversorgung haben.

Zu den Hirse-Bratlingen schmeckt:

- eine leckere Tomatensauce oder
- ein Tomatensalat und etwas Bio-Ketchup zum Dippen oder ein
- Quark-Dip mit frischem Gemüse

Kalt bereichern die Hirse-Bratlinge auch ein Buffet und sind prima geeignet als Pausenbrotersatz für Schule und Kindergarten.

Tomatensoße

Geht fix und ist frei von künstlichen Zusatzstoffen.

- 500 ml Tomatenpassata (aus der Flasche oder Tetrapack) erhitzen
- 1 TL Zucker, hebt den Geschmack der Tomaten an
- 50 ml süße Sahne unterrühren
- Italienische Kräutermischung z.B. Oregano, Basilikum, Thymian, Rosmarin
- kindgerecht salzen (evtl. mit Gemüsebrühe)

Karottenreis

Eine schnelle und günstige Mahlzeit, die sich fast von alleine kocht. Wer Kindergartenkinder abholen muss, kann das in der Garzeit ganz entspannt machen. Der Herd ist abgeschaltet, der Karottenreis gart alleine.

Hier die Mutter-2-Kinder-Portion:

- 2 dicke, große Karotten grob raspeln
- etwas Öl erhitzen und die Karotten kurz darin schwenken
- 250 g Reis (Füllmenge im Messbecher bei 300 ml) dazugeben, und mit
- 600 ml kindgerechter Gemüsebrühe aufkochen lassen.

Die Herdplatte abschalten, den Karottenreis mit einer Gabel umrühren, den Topf zudecken und auf der heißen Platte stehen lassen. Nach 20 Minuten ist der Karottenreis fertig. Den Deckel während der Garzeit nicht hochnehmen, da sonst Hitze verloren geht.

Über die Portion der Kinder je 1 EL Rapsöl geben und etwas Parmesan oder anderen leckeren Käse reiben.

Mamas Portion, kann verfeinert werden mit

- Öl – gerne sparsam
- frisch gemahlenem Pfeffer
- gerösteten Kernen – Sesamsaat oder Sonnenblumenkernen
- frischen Kräutern

Karottenreis pur (ohne Öl und Extrazutaten) ist ein gutes Diät-Essen für alle kleinen und großen Patienten mit einem Magen-Darm-Infekt.
Gute Besserung!

Fleischlose Rezepte

Alle Rezepte in diesem Büchlein sind von der Grundlage her fleischlos. Natürlich bietet es sich bei manchen Rezepten an, wie beispielsweise beim Karottenreis, ein Schnitzel oder eine Wurst dazu zu braten. Statt einer Gemüsebrühe kann auch eine Hühnerbrühe als Würzbasis verwendet werden.
Grundsätzlich essen die meisten Menschen zuviel Fleisch und damit verbunden zu eiweißreich. Diese Rezepte sollen dazu ermuntern, öfter fleischlos zu kochen.

Vitaminreiche Wintersuppe

Dieses wohlsättigende Süppchen ist das Richtige für kalte Tage und schnell zubereitet. Risini sehen aus wie Reiskörner, sind aber aus Nudelteig. Bitte die Garzeit auf der Packung beachten. Die einzelnen Gemüsezutaten werden nach und nach den Risini zugegeben und garen parallel mit.

Zutaten für eine Familienportion

- Kindgerechte Gemüsebrühe kochen, ca. 1,5 l
- 1,5 Tassen Risini in die Brühe geben, ab und zu umrühren

zwischenzeitlich

- 1 große rote Paprika in Würfel schneiden
  zur Risini-Brühe geben
- 1 dicke Karotte in dünne Scheiben, direkt in den Topf hobeln *mit Gurkenhobel !!!*
- 1 Tasse TK Mais und/oder
- 1 Tasse TK Erbsen

Die Gemüsezutaten werden nach und nach dazu gegeben und die Suppe sollte immer kurz vor dem Siedepunkt gehalten werden.

Denn kocht die Brühe sehr stark, gehen viele Vitamine der Zutaten verloren. Das Gemüse sollte schön knackig bleiben – deshalb zügig arbeiten.

Die Suppe in Schüsselchen schöpfen und einige frische Kräuter wie Schnittlauch darüber streuen. Diese runden den Geschmack noch ab.

Kleinkinder essen manchmal leichter und größere Portionen, wenn wenig Brühe im Schüsselchen ist.

Regionale Erzeugnisse und Bio-Produkte

Ich empfehle die Verarbeitung von einheimischen, regionalen Produkten, wann immer es möglich ist. Besonders der Bio-Anbau wird von den Bauern bewusst betrieben. Sie verzichten weitgehend auf Spritz- und Düngemittel im Ackerbau, nähren und halten ihre Tiere artgerecht. Oft sind es nur ein paar Cent, die ein Bio-Lebensmittel mehr kostet. Mit einer bewussten Produktauswahl nehmen wir aktiv Einfluss auf unsere Umwelt und Zukunft.

Spaghetti mit Thunfisch-Zitronen-Sauce

Essen Kleinkinder mit, eignen sich Gabelspaghetti besser – die Familienportion Spaghetti nach Packungsanweisung zubereiten. Das Kochwasser der Nudeln kindgerecht salzen.

Für die Sauce

- etwas Öl in einem Topf leicht erhitzen und
- eine große, dicke Möhre mit der groben Gemüsereibe direkt in den Topf raspeln
- 3 Minuten darin schwenken, die Möhren aus dem Topf nehmen und diese kurz zur Seite stellen.

Parallel 200 ml kindgerechte Gemüsebrühe mit kochendem Wasser, aus dem Wasserkocher, in einem Messbecher anrühren.

Im geleerten »Möhrentopf« bei niedriger Temperatur ein großes Stück Butter schmelzen und 2 – 3 EL Mehl hineingeben. Mit einem Schneebesen flott zusammenrühren und mit der heißen Gemüsebrühe ablöschen. Weiterrühren, bis es eine sämige Sauce gibt.

Einen Becher Sahne unterrühren und die Möhren zurück in den Topf geben.

Die Sauce gut heiß werden lassen – sie braucht nicht zu kochen.

Den Saft einer Zitrone auspressen und zur Sauce geben. Kurz bevor die Spaghetti gar sind, eine Dose Thunfisch (Delphinfreundlich gefangen) mit der Gabel zerrupfen und in die Sauce rühren.

Dieses Gericht ist sehr schnell, mit wenigen Handgriffen zubereitet und schmeckt einfach köstlich. Die Möhren bleiben schön knackig und geben der Sauce eine appetitliche Farbe.

Die Elternportion wird kräftig mit frisch gemahlenem schwarzen Pfeffer abgerundet.

Wer einheimischen Fisch bevorzugt, kann auch Forellenfilet anstatt Thunfisch verwenden.

Pellkartoffeln

Kartoffeln sollten mehrmals wöchentlich den Speiseplan bereichern. Pellkartoffeln sind dabei besonders gut für Familien mit Kleinkindern geeignet, denn sie können prima aus der Hand gegessen werden.

Kartoffeln sind besonders reich an Vitamin C und Niacin. Damit sehr wertvoll für das Immunsystem und für Haut und Haare.

Es ist günstig, kleinere Kartoffeln zu verwenden, da sie eine kürzere Garzeit haben. Frische Bio-Pellkartoffeln können sogar mit Schale verzehrt werden. Kartoffeln enthalten gesunde Nährstoffe.

Die Kartoffeln, in vergleichbarer Größe, in einen gut schließenden Topf mit wenig Wasser geben. Sobald das Wasser kocht, die Herdplatte auf niedrige Stufe stellen. Der Deckel hält die Hitze im Topf und die Kartoffeln garen schonend. Je nach Kartoffelgröße dauert es 15 – 30 Minuten, bis die Pellkartoffeln fertig sind. Nach Gefühl mit einer Gabel anpieken, um zu testen, ob die Kartoffeln gar sind. Bitte darauf achten, dass diese nicht anbrennen – evtl. etwas Wasser nachgießen.

Quark

Pellkartoffeln mit Quark ist ein Klassiker. Beim Vorbereiten des Quarks können Kinder prima helfen. Denn in den Quark können diverse Zutaten geschnippelt werden. 20%iger Quark ist ideal als Grundlage, Kräutersalz nach Geschmack, alle Zutaten fein schneiden. Hier eine Ideensammlung:

Quark Frühlingserwachen

- Radieschen
- Schnittlauch

Quark Sommerfrische

- Paprika
- Gurken
- Minzeblätter oder Zitronenmelisse

Quark Sommertraum

- Tomaten
- Basilikum
- Oliven
- etwas zerdrückten Schafskäse

Möhren-Zucchini-Pfanne

In einer Pfanne etwas Öl erhitzen und darin in angegebener Reihenfolge unter ständigem Rühren andünsten:

- 1 Zwiebel fein geschnitten
- 2 EL Sesamsaat
- 250 g gestiftelte Zucchini
- 750 g Möhren fein gehobelt
- 250 ml kindgerechte Gemüsebrühe aufgießen

direkt in die Pfanne mit Gurkenhobel !!!

und ca. 10 Minuten bei niedriger Temperatur am Siedepunkt halten. *Vitaminschonend!*

Mit dem

- Saft einer Zitrone und
- 2 EL Sauerrahm oder Crème fraîche verfeinern.

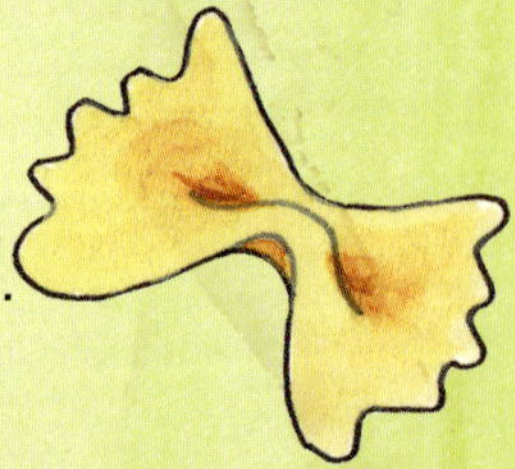

Dazu passen Nudeln oder Reis.

Die Elternportion wird mit frisch gemahlenem Pfeffer gewürzt.

Gemüsewaffeln

Lassen sich super vorbereiten, auch für unterwegs, als gesunder Snack aus der Hand.

- 250 g Vollkornweizenmehl
- 2 Eier
- 250 ml Milch zu einem Teig verrühren
- 50 g Lauch fein geschnitten
- 200 g Möhren geraspelt
- 100 g Kohlrabi geraspelt zum Teig dazu geben
- 2 EL Sesamsaat (nach Geschmack)
- ca. 120 – 150 ml kindgerechte Gemüsebrühe hinzufügen und unterrühren, bis der Teig sämig ist.

Im Waffeleisen gut durchbacken.

Teig reicht für 5 – 6 Backrunden.

Heinis Gurkensalat

Ein frischer, fruchtiger Salat mit Minze, der besonders an heißen Sommertagen und bei Gartenfesten kleine und große Gourmets begeistert. Die Mengen lassen sich beliebig anpassen.

Er lässt sich super vorbereiten und darf auch einige Stunden im Kühlschrank durchziehen. Die Zubereitung ist ganz einfach.

- 250 g Naturjoghurt in eine Salatschüssel geben
- 1 TL feines Salz hinzufügen
- 1 – 2 EL hellen Essig (z. B. heller Balsamessig oder Apfelessig)
- 1 EL Öl (z. B. Sonnenblumenöl)
- 2 Teebeutel Pfefferminztee aufschneiden und die Pfefferminze in den Joghurt einrühren
- 1 Salatgurke schälen, in Längsstreifen und dann in kleine Würfel schneiden – dazugeben
- 1 Ogen-, Galia- oder Honigmelone zerteilen, entkernen, schälen und das Fruchtfleisch ebenfalls dazu würfeln

Kleinkinder unter 2 Jahren bekommen eine Portion des Salates ohne die Zugabe von Pfefferminztee.

Schnullerfamilien-Salat

Diese Köstlichkeit ist sowohl als schnelles warmes Mittagessen, als auch als Salat zum Grillen geeignet. Die Zubereitung ist einfach.

- 250 g Gabelspaghetti nach Packungsanweisung kochen
- 250 ml kochendes Wasser mit 2 – 3 gehäuften EL Instant-Gemüsebrühe in einer Schüssel verrühren.
- 250 ml süße Sahne oder Schmand dazugeben und verrühren
- 1 Bund Schnittlauch in feine Röllchen schneiden und in die Sauce rühren

Die Gabelspaghetti zur Sauce geben und fertig ist das warme Mittagessen.

Wird das Rezept als Salat vorbereitet, die Gabelspaghetti knackig garen, sie ziehen in der Sauce beim Abkühlen noch etwas nach.

Dieses Rezept ist der Lieblingssalat aus einem freundlichen Familienforum Schnullerfamilie.de. Abwandlungen und Varianten des Schnullerfamilien-Salates sind dort im Rezepteforum nachzulesen.

Rohkost & Dips

Neben Obst sollte auch Rohkost täglich auf dem Speiseplan stehen. Es bietet sich an, diese am Nachmittag als kleinen Snack oder zum Abendessen zu servieren. Bereits eine kleine Möhre in Streifen geschnitten, ein paar Apfelspalten und drei oder vier Gurkenscheiben bereichern den Speiseplan für jedes Familienmitglied.

Kinder lieben es bunt und mundgerecht:

- Karotten ~ in Stiften oder Rädchen
- Kohlrabi ~ in Würfeln oder Stiften
- Salatgurke ~ in Scheiben oder als Sticks
- Tomaten ~ geachtelt, Cocktailtomaten halbiert
- milde Radieschen ~ ganz oder halbiert
- Staudensellerie ~ in Sticks oder Scheibchen
- Apfelschnitze
- Paprika ~ in Streifen
- Fenchel ~ in Streifen oder Würfelchen

Tomaten am besten in Kombination mit Käse anbieten, damit die enthaltene Oxalsäure dem Körper kein Kalzium entziehen kann.

Je nachdem, was der Markt und die Jahreszeit bietet, gibt es Abwechslung auf dem Tisch. Eine liebevoll gelegte Gemüsefigur auf dem Teller fördert bei vielen Kindern zusätzlich den Appetit. Natürlich mögen Kinder am liebsten, was Mama und Papa essen. Deshalb immer daran denken: **Die Erwachsenen sind das Vorbild.**

Dips schmecken lecker und fördern die Aufnahme der fettlöslichen Vitamine aus dem Gemüse. Sie müssen nicht aufwändig sein, sondern bieten gerade in der Einfachheit ein schönes Geschmackserlebnis. Den Dip portionsweise in Eierbecher oder in Mini-Gläser füllen und jedem Esser an seinen Platz stellen.

- Schmand oder
- Crème fraîche oder
- Quark

Auf Wunsch mit Kräutern, wie Schnittlauch, Petersilie, Basilikum, Thymian oder ganz fein geschnittenen Radieschen verfeinern. Für die Erwachsenen etwas Kräutersalz, Chili-Flocken oder Rosenpaprika – peppt den Dip zusätzlich auf.

Dinkel-Grießklöße

Wenn die lieben Kleinen das Breialter verlassen haben, bleibt die Milch-Getreide-Kombination trotzdem eine wichtige Nährstoffquelle bis ins Erwachsenenalter. Dinkelgrieß lässt sich sehr gut verarbeiten und als Grießklöße serviert, lieben ihn nicht nur Kinder.

Die Kombination zwischen den Grießklößen mit frischem Obst oder Apfelmus bringt immer wieder fruchtig-süße Abwechslung auf den Speiseplan. Eine echte Alternative auch zum typischen Abend-Brot.

Das Auge isst mit. Deshalb den Teller mit Beeren, Kiwistückchen, Apfelspalten oder was der Obstkorb sonst an frischen Früchten bietet, hübsch dekorieren.

Mutter-2-Kinder-Portion

- 500 ml Bio-Vollmilch mit
- 1 – 2 EL Zucker zum Kochen bringen
- 125 g Dinkelgrieß einrieseln lassen, und mit dem Schneebesen rühren, rühren, rühren.

Den Topf von der Platte nehmen.

In einem kleinen Topf

- ein großes Stück Butter schmelzen

Mit zwei Esslöffeln in die flüssige Butter tauchen, Klöße aus dem Dinkelbrei stechen und auf die mit Obst oder Apfelmus vorbereiteten Teller verteilen.

Je ein Esslöffel Butter über die Grießklöße geben und nach Geschmack mit Zucker-Zimt verfeinern.

Guten Appetit.

Apfelmus

Ab August bis Oktober reifen die Äpfel. In dieser Zeit lohnen sich Spaziergänge über verwaiste Streuobstwiesen oder das Gespräch über den Gartenzaun. Viele Apfelbaumbesitzer wissen nicht wohin mit ihrem Fallobst. Und genau dieses eignet sich wunderbar zur Herstellung von Apfelmus.

Leere (Marmeladen)Gläser und die passenden Deckel spülen und in kochendem Wasser auskochen.

Kläräpfel können mit Schale verarbeitet werden. Sonstige Äpfel schälen, das Kernhaus und die Bewohner entfernen und direkt in einen großen Topf schnippeln.

Etwas Wasser dazu und alles aufkochen.

Sobald die Apfelstückchen weich sind mit einem Mixstab fein pürieren.

Das heiße Apfelmus mit einer Kelle in die vorbereiteten Gläser füllen. Den Deckel fest zudrehen und das Glas auf den Kopf stellen. Diese Arbeit wird besser ohne Kinderhilfe durchgeführt.

Mit einer Prise Zimt kann das Mus noch verfeinert werden.

Apfelmus ist eine leckere Ergänzung z. B. zu den Dinkel-Grießklößen oder dem Hirse-Frühstücksbrei. Als Nachtisch oder Obstsnack bereichert es ebenfalls den kunterbunten Speiseplan.

! Gekochtes Apfelmus in den dunklen Schrank stellen. So hält es sich viele Monate.

Kinder wachsen mit ihren Aufgaben ...

Wann immer möglich, sollten Kinder in die Zubereitung der Mahlzeit einbezogen werden. Gemüse waschen und mit dem Messer schneiden üben, gehören auch dazu. Mama oder Papa sollten dabei sein, mit etwas Abstand daneben sitzen und einfach beobachten.

Kinder lernen durch Übung und durch das Zutrauen der Eltern in ihre Fähigkeiten.

Was koche ich morgen?

Das fragen sich viele Mamas und Papas, denn manchmal gehen einfach die Ideen aus. Fragt man die lieben Kleinen, bekommt man oft genug die Antwort »weiß nicht«. Auf der folgenden Seite findest Du die einzelnen Mittagessen aus diesem Büchlein aufgeführt. Du kannst die Seite entweder kopieren oder ausschneiden. Dann klebe sorgsam die komplette Seite auf einen farbigen Karton und schneide, den Linien entlang, die kleinen Kärtchen aus. Auf den leeren Kärtchen finden weitere Lieblingsrezepte Platz.

Gib alle Kärtchen in eine kleine Schüssel und alle Familienmitglieder dürfen z. B. einmal in der Woche je ein oder zwei Kärtchen ziehen. Daraus erstellst Du den Wochenspeiseplan. So kannst Du gut planen und das Los entscheidet über das, was auf den Teller kommt. Weitere Rezepte und Kärtchen sind im neuen Büchlein **»Märchenhafte Familienküche«** zu finden.

Feine Kartoffelsuppe	Pellkartoffeln mit Quark
Bunter Gemüsetopf	Möhren-Zucchini-Pfanne
Hirse-Bratlinge	Dinkel-Grießklöße
Karottenreis	Schnullerfamilien-Salat
Vitaminreiche Wintersuppe	Gemüsewaffeln
Spaghetti mit Thunfisch-Zitronen-Sauce	Mein Lieblingsessen